Bernhard Guerard

Umständliche Nachricht des Zufalls

Bernhard Guerard

Umständliche Nachricht des Zufalls

ISBN/EAN: 9783743438361

Hergestellt in Europa, USA, Kanada, Australien, Japan

Cover: Foto ©ninafisch / pixelio.de

Manufactured and distributed by brebook publishing software (www.brebook.com)

Bernhard Guerard

Umständliche Nachricht des Zufalls

Herrn
Bernhard Guerard,

Der Arzneygelahrtheit und der Wundarzneykunst Doctor, Garnisons-Medicus, Staabs-Chi-
rurgus der militärischen Spitäler, Medicinalrath,
öffentlicher Lehrer der Zergliederungs-Wundarzney-
und Hebammenkunst, ehemaliger oberster Wundarzt
der Armeen des Königs von Frankreich, Korre-
spondent der Königl. Akademie der Wundarzneykunst zu Paris, Mitglied des
Königl. Kollegiums der Arzney-
wissenschaft zu Nancy.
etc. etc.

Umständliche Nachricht

des Zufalls, weswegen der Durchschnitt
der Simphysin der Schaambeinen den eilften May,
1778, in Düsseldorff unternommen wurde, samt
den Folgen auf diese Operation, nebst einigen
Bemerkungen in Ansehung dieses
Gegenstands.

Unter der Aufsicht des Herrn Verfassers aus dem
Französischen übersetzt
von
Johann David Beerstecher.

Experientia artis Magistra.

Düsseldorf,
gedruckt bey Steur-Kanzleyverwanten Zehnpfenning.
1779.

An
Seine Excellenz

Dem

Herrn Graffen von Nesselrode

zu Ehreshoven, des H. R. Reichs Graff, Ritter des H. Huberts Orden, Churpfälzischer geheimer Rath, der Herzogthümer Gülich und Berg Kanzler, und des dasigen Ober Appellations-Gerichts Präsident, Oberamtmann zu Steinbach. etc.

Hochwohlgebohrner Reichsgraf!

Der Schutz, welchen Euer Excellenz den Wissenschaften und Künsten, und hauptsächlich der Wundarzneykunst, als einer für das gemeine Beste am meisten nützlichen Kunst, angedeihen laßen, würde mich hinlänglich bewogen haben, diese Nachricht unter Euer Excellenz Obhut erscheinen zu laßen, wenn die besondere Theilnehmung, welche Hochdieselben an dem Fortgang dieser Operation nahmen, nicht ein stärkerer Bewegungsgrund wäre, Hochdenenselben damit meine tiefste Ehrfurcht zu bezeugen.

Wenn schon diese Operation nicht den glücklichen Ausgang gehabt hat, welchen Euer Excellenz wünschten, so bin ich doch überzeugt, daß ein jeder mit Vergnügen die Erzählung anhören wird, welche ich, zur Aufnahme der Kunst und zum allgemeinen Nutzen, davon mache; was ich aber am meisten wünschte, ist, daß Euer Excellenz das brennende Verlangen bemerken möchten, Hochdenenselben meinen Diensteiffer und tiefste Ehrerbietung zu bezeugen, mit welchen ich die Ehre habe zu seyn

Euer Excellenz

gehorsamster Diener
Bernhard Guerard.

Da der berühmte Herr Verfaßer dieser Nachricht, nur so viel Exemplare in französischer Sprache abdrucken ließ, als er für seine Freunde nöthig zu haben erachtete; dieselbe aber so viel belehrendes und zur Aufnahme der Kunst gereichendes enthält, daß es unbillig seyn würde, den Werth und das vortheilhafte deren Innhalts vor den Augen unserer Teutschen zu verbergen; zumalen der so berühmt als gelehrte und durchgeltende Beurtheilung angesehene Herr Professor Richter, in Göttingen, nebst mehreren andern, bemercket haben, daß die Nachricht von dieser Operation für die ausübende Kunst von allgemeinem Nutzen sey, und auch in Teutschland, gleich andern Ländern, das Aufmerken und die gehörige

Neugierde erregen werde, die dieser Vorfall verdiene; so habe ich geeilet, dieselbe zu übersetzen, um denjenigen, die das Original weder zu lesen bekommen haben, noch lesen können, dadurch einen Gefallen zu erweisen, und ihnen eine Nachricht mitzutheilen, die einem jeden Liebhaber der Kunst ganz gewiß willkommen seyn muß, und auf deren Richtigkeit man sich verlaßen kann, weil der Herr Verfaßer die Gütigkeit gehabt hat allem Mißverstand der Ueberfetzung, durch Durchlesung meines Manuscripts, vorzubeugen, für welche Mühe ich Demselben den verbindlichsten Dank erstatte.

Der Uebersetzer.

Vorbericht.

Wenn man in der Ausübung der Hebammenkunst oft eben so beschwerlich - als gefährlichen Vorfällen begegnet, so ist es gewiß der Fall, wo das Becken zu eng ist.

Aber da dieser Mangel selbst verschiedene Verhältniße haben kann, welche nach den Verhältnißen der Theile des Kindes, die dadurch gehen müßen, mehr oder weniger beschwerlich werden, so ist leicht sich vorzustellen, daß alle diese Fälle nothwendigerweise nach Stuffen unterschieden, und daher wenige derselben einander ähnlich seyn müßen.

Wenn dem also ist, wie man gar nicht daran zweifeln kann, so muß auch daraus folgen, daß ein jeder dieser Fälle verschiedene Mittel erfordert, wenn man denenselben durch eine gehörige Behandlung mit Glücke begegnen will.

Und da man unglücklicherweise einen Fall hat, ich will nicht sagen viele, in welchem uns die Kunst ein eben so grausam als mörderisches Mittel anrathet, und auszuüben befiehlet; so darf man sich nicht so viel verwundern, daß sich die Kunstverständigen beständig darauf geleget haben, ein diesem Fall mehr angemeßenes Mittel, wiewohl mit wenigem Vortheil gegen demjenigen, zu erfinden, wodurch derr Herr Sigault sich unsterblich gemacht hat, das ihren Nachforschungen so lange Zeit ausgewichen ist.

Vorbericht.

Man begreift leicht, daß ich von der ehemals vorgegebenen Unmöglichkeit der Geburt durch die natürliche Wege, da wo das Becken zu eng ist, reden will, in welchem Fall uns die Lehrer nur zwey Wege offen laßen, nehmlich den Kayserschnitt, oder den Untergang der Mutter mit ihrer Frucht.

Von der Abscheulichkeit dieser Operation und ihren betrübten Folgen auf das gerechteste durchdrungen, welche solche fast allezeit biß ans Ende begleiteten, da doch die Herzhaftigkeit der Müttern, und die Geschicklichkeit der Kunstverständigen im Gegentheil einen sehr glücklichen Erfolg verdienten, trotzte der Herr Sigault denen angenommenen Lehren der Schule, dem Ruf einer vorgeblichen Erfahrung, denen Vorurtheilen, denen Kabalen, um ein Mittel zu erfinden, solchen großen Unglücksfällen zu entgehen, aber gerade auf eine Art, welche schon lange verworffen war. *

Auch muß man sich nicht wundern, wenn seine Entdeckung ihme Widersprecher erweckte, die Bekanntmachung ihres guten Erfolgs ihme nun beynahe eben so viel Bewunderer verschafte, als Leute sind, die sie vernahmen.

Diß ist das Looß der großen Entdeckungen. Uber

---

* Der berühmte Herr Camper, seit lange her von dem Vorhaben des Herrn Sigault unterrichtet, gab sich so viele Mühe, und stellte so viele Untersuchungen und Proben an, um den Durchschnitt der Simphysin der Schaambeinen in Ausübung zu bringen, daß ihn viele für den Erfinder angesehen haben; es ist zu vermuthen, daß er seinen Ruhm, den er schon von seinen Werken hat, mit dem der erste gewesen zu seyn, der ihn ausgeübt hat, würde vermehret haben, wenn er dazu die Gelegenheit gehabt hätte.

Vorbericht.

Aber wenn solche denen Liebhabern der Kunst und wahren Menschenfreunden schon Bewunderung zuziehen mußte, um wie vielmehr sollte sie nicht die Hofnung der Kunstverständigen beleben, und in ihnen das Verlangen rege machen, gleiche Ehre und Ruhm durch die Ausübung zu erhalten?

Ich wurde zeitlich genug davon benachrichtiget; aber eingenommen von der Lehre der Kunst, zweifelte ich, und ich förchtete mich vor der glücklichen Ausführung; sie fiele indeßen so aus, daß sie nun keinem Zweiffel mehr unterworffen ist, und ich wartete mit Ungedult auf die umständliche Beschreibung derselben.

Ich gestehe, daß mich der glückliche Erfolg mehr rührte, als die Lehre; dann, obschon ich einsah, daß die Operation von diesem geschickten Geburtshelffer nicht in einem Fall war unternommen worden, in welchem der Kayserschnitt vor nöthig erachtet wurde, und man deswegen nicht nach der Strenge sagen konnte, sie hätten in diesem Fall der letzten müßen vorgezogen werden, so nahm ich doch wahr, wie die Erfahrung belehrte, daß dieser so sehr gescheuete Durchschnitt weder unheilbar noch so gefährlich ist, wenn auch die Entfernung der Schaambeinen so groß gewesen, daß man sie beynahe nicht glauben kann, und welche doch weit andere Unordnungen vermuthen laßen dörfte, welche uns die Lehre für nachtheilig vorstellen sollte.

Auch sah ich, daß dieser einzige Fall uns bewieß, daß man diese Operation allezeit vor dem Kayserschnitt unternehmen könnte, wenn es um

Vorbericht.

das Leben des Kindes zu thun seyn würde, und wenn solches dasselbe ohne die Operation verlieren müste, da man zugleich die Mutter keiner so großen Gefahr würde aussetzen müßen * und was überhaupt den Nutzen dieser Operation betrift, so überließ ich es demjenigen zu entscheiden über, was die Erfahrung in der Folge mich davon wird belehren können.

Ich hofte und dachte nicht, daß die meinige zu dieser Entscheidung so bald etwas beytragen würde, als gleich darauf folgender Fall mir die Gelegenheit gab diejenige Bemerkungen zu entwerffen, welche deßen Beschreibung folgen.

Obgleich das Gemälde, was sie davon macht erschröcklich ist, so schien es mir doch der Mühe werth zu seyn, solches der Königlichen Akademie der Wundarzneykunst zu Paris zu übersenden und vorzulegen, deren tiefe Einsichten wohl erkennen, zu was für Vortheil es der Aufnahme in der Kunst gereichen würde, wenn die Beobachter, die man so häufig auftretten sieht, eben so viel Sorgfalt anwendeten, ihre Unglücksfälle mit gleicher Prahlerey und Wortgepränge zu verbreiten, als sie solches in glücklichen Fällen zu thun gewohnt sind.

Ich

---

* Ich gehe hier in keine genaue Untersuchung ein, ob man durch die Angriffen, welche die Kunst damals anzeigte, und nicht mit so viel Gefahr verbunden, die nehmliche Vortheile würde haben erhalten können? Die vorhergehende Geburten der Frau Suchot, wo die berühmtesten Geburtshelffer, die dazu beruffen wurden, alle ihre Geschicklichkeit anwenden mußten, wenden mich ab ja zu sagen.

Vorbericht.

Ich würde mit Stillschweigen dieser eben so berühmten als mit Beurtheilungskraft begabter und für das allgemeine Beste äußerst bemüheten Akademie, die Sorgfalt überlaßen haben, die Nützlichkeit, die diese Beobachtung darthun kann, ebenmäßig zu erfahren, und sodann bekannt zu machen, wenn ich nicht von meinen Freunden, um ihnen solche mitzutheilen, wär so häufig angegangen worden; also daß ich mich hierdurch in die Nothwendigkeit versetzet sah, solche durch den Druck bekannt zu machen.

Wenn ich nicht in meiner Hofnung betrogen bin, so muß dieser Zufall helffen, die Meynungen über die Vortheile, die der Durchschnitt der Schaambeinen verschaffen muß, außer Zweiffel zu setzen, besonders zu dieser Zeit, da die beglückte Unternehmung des Herrn Sigault, mit derjenigen des Hrn. d'Espres de Menmeur verbunden (obgleich diese letztere, wegen der geschwinden Heilung unglaublich scheint) die er in das Journal de Médecine & de Chirurgie vom letzten May eingerücket hat, auch die leichtglaubigste Augen in Ansehung der Beschwehrlich- und Ungemächlichkeiten verblendet, welche sich doch in denen Fällen vorfinden mäßen, wo der Kayserschnitt sonsten als das letzte Hülfsmittel angesehen wurde.

Nicht weniger muß sie auch dazu beytragen, die alte Meynung derjenigen zu mäßigen, welche gegen diese Operation eingenommen sind, und sie vermögen, mit gehörigem Grund und der nöthigen Klugheit die Fälle genau zu bestimmen, wo sie dem Kayserschnitt, oder andern gleichgefährlichen Angriffen

Vorbericht.

griffen soll oder kann vorgezogen werden, und vice versa.

Man wird mir vielleicht vorwerffen, daß die Erzählung dieses Vorfalls, welche vor ohngefähr zwey Monat davon in teutsch gedruckt erschienen ist, mir hätte die Mühe ersparen können, gegenwärtige erscheinen zu laßen; allein die Kunstverständigen, welche die Wahrheit und die Genauigkeit einer Beschreibung wegen der Gültigkeit der Folgen, die man daraus ziehen soll, zu schätzen wißen, und wie viel Nachtheil das Uebersehen oder die schwache Bemerkung von einem oder dem andern, das vielleicht andern Augen nur gering scheinen würde, verursachen müße, werden erkennen, nachdem sie beide gegeneinander gestellet haben, ob die gegenwärtige nicht nützlich, und von der andern unterschieden ist.

Obwohlen diese hier nur die Abschrift des davon genau gehaltenen Tagbuchs ist, welcher ich einige Bemerkungen beygefügt habe, so wird man leicht wahrnehmen, daß sie vielleicht mit der ihr vorhergehenden nichts gemein hat, als den Gegenstand und das Verlangen eine Nützlichkeit zu verbreiten, welches mir allein die Feder geführt hat.

Um-

Umständliche Nachricht.

Den achten May in der Nacht, 1778. ließ die Frau Langens, wegen Empfindung der Wehen eine Hebamme ruffen. Gedachte Frau war 37. Jahr alt, von starker und fetter Leibesbeschaffenheit, guter Gesundheit und von mittlerer Grösse. In ihrer Jugend hatte sie sehr viel an der englischen Krankheit gelitten, und von daher blieben ihr auch die Füße krumm. Sie ging am Ende des neunten Monats schwanger, als sie die Wehen zur Geburt ihres ersten Kindes zu empfinden anfing, welche alle von obigem Tag an biß den zehnten May Abends gegen zehn Uhr fruchtloß, und ohne die Geburt zu bewürken, abgingen. Um eben diese Zeit ward ich zu der Kreisenden geruffen. Die Wehen hatten die ganze Zeit über nur schwach angehalten; die Wasser waren seit mehr den 24. Stunden abgeflossen; die Geburtstheile nur wenig geschwollen. Die Frau befand sich nach ihren damaligen Umständen noch sehr wohl, und

und bey zimmlichen Kräften. Sie spürte beynahe gar keine, oder nur noch wenige Wehen. Man hatte ihr den Abend vorher zur Ader gelaßen; sonsten aber hatte sie weder in der Schwangerschaf noch in gegenwärtigen Umständen, weder Heilungs- noch Vorsehungs-Mittel gebrauchet.

Der Bauch war besonders auf der rechten Seite erhaben, und nach dieser Seite zu neigte sich auch hauptsächlich die Gebährmutter.

Durch das Fühlen entdeckte ich, daß die untere Oefnung des Beckens so ziemlich natürlich; hingegen die obere Oefnung deſſelben ſo platt war, daß ich dafür hielt, deſſen Durchmeſſer von vornen nach hinten zu würde wenig über zwey Zoll breit betragen können. Gegen die rechte Seite zu schien mir doch die Oefnung etwas breiter zu seyn. Man entdeckte ferner durch das Fühlen, wenn man den Finger, wie gewöhnlich nach oben zu fühlen ließ, eine ein wenig flache doch rund gestaltete Erhöhung, welche irrleitete und glauben machte, man hätte den Kopf des Kindes entweder bloß, oder zwischen den Seitenwänden der Gebährmutter liegend, gefühlet.

fühlet. Es war das heilige Bein, was man fühlte, und das man nach einer weitern Unterſuchung bald erkannte. Die Hebamme hatte ſich hieran beſonders betrogen. Indeſſen war keine beſondere erhabene Hervorragung dieſes Beins, das die Ebenlinie der Hüftbeine überſchritten hätte, hieran die Schuld, ſondern ſeine zu nahe Lage an den Schaambeinen, und ſeine von Natur beträchtliche Neigung nach vornen zu. Der Muttermund war ſehr erhaben, weich genug, und offen. Nur deſſen obere Lefze war ein wenig aufgeſchwollen. Der Kopf des Kindes war viel auf die Schaambeine geſtützt, und nach der Richtung der Pfeilnath zu urtheilen war das Geſicht nach der rechten Seite hinterwärts gekehret; an demſelben war eine kleine Geſchwulſt.

Nachdem ich dieſen Zuſtand genau unterſuchet hatte, und einſah, daß ſich große Beſchwehrlichkeiten vorfinden würden, dieſe Geburt zu Ende zu bringen, ließ ich den Correpetenten meiner Vorleſungen über die Hebammenlehre, und einen in eben dieſer Kunſt erfahrnen und verſtändigen Regiments-Feldſcheerer ruffen, ehe ich das geringſte unternahm. Ich machte beiden meine Meynung

nung über den gegenwärtigen Zuſtand bekannt, und ſie überzeugten ſich ſelbſten durch Unterſuchung von der wahren Beſchaffenheit deſſelben. Ich ſtellte ihnen hierauf die Unmöglichkeit vor die Kreiſende durch die natürliche Wege zu entbinden, beſonders aber das Kind, ohne die Gebährende in die gröſte Gefahr des Lebens zu ſetzen, lebendig auf die Welt zu bringen, wenn man ſich auch der zahmeſten Handgriffen bedienen wollte. Ich ſchlug hierauf den in ſolchen Fällen angezeigten Kayſerſchnitt, oder die Durchſchneidung der Simphyſin der Schaambeinen vor, und vergaß nicht beiden begreiflich zu machen, daß da die erſtgenannte Operation faſt allezeit tödtlich ſey, man aber einſtweilen ein Beyſpiel, wiewohl ein einziges, von der Operation des Durchſchnitts der Simphyſin der Schaambeinen aufzuweiſen hätte, welche um den betrübten Folgen des Kayſerſchnitts auszuweichen unternommen worden wäre, die aber von glücklichem Erfolg geweſen ſey, ich um ſo mehr auf dem Durchſchnitt der Simphyſin der Schaambeinen beſtünde, weil mir ſolcher auch weniger gefährlich ſchien.

Ich

Ich gab ihnen ferner zu bedenken, daß wir hier die schönste Gelegenheit vor uns hätten etwas zum Vortheil der Kunst und zum Besten des menschlichen Geschlechts zu bewürken, indem wir auf diese Art die Vortheile unterfinden und wahrmachen würden, die der Hr. Sigault durch die nehmliche Operation erhalten hätte; ich fügte ferner hinzu, daß wenn die Durchmeßer des Beckens einmal würden verlängert seyn, es sehr wahrscheinlich sey, daß der Kopf des Kindes sich würde in deßen Höhle begeben, und alsdenn die nöthige Wehen betreiben können, um die Geburt auf eine beynahe natürliche Weise zu endigen; und daß, wenn solches nicht geschehen würde, wir uns derjenigen Handgriffen bedienen könnten, die wir alsdann für nothwendig halten würden. Der Regimentsfeldscheerer pflichtete meiner Meynung bey; aber da mir mein Korrepetent erwiederte, daß er glaube, ohngeachtet aller Hindernißen, im Stande zu seyn, das Kind zu wenden, und vielleicht gar lebendig auf die Welt zu bringen, wenn wir ihm helffen wollten, ward ich genöthigt seiner Meynung, aus Gründen, welche hier anzuführen unnüßlich sind, und ohngeachtet aller meiner fernern Gegenvorstellungen, we-

B   gen

gen den gefährlichen Folgen, die von einer solchen Behandlungsart entstehen könnten, nachzugeben.

Ehe man die Arbeit unternahm, wurde die Aderläße wiederhohlt. Man setzte die Frau in die gehörige Lage, und mein Korrepetent von uns unterstützt, arbeitete ohngefähr drey Stund lang um einen Fuß des Kindes herauß zu bringen, der sich doch nahe an dem Muttermund befand, um an demselben Fuß eine Schlinge anzulegen. Er konnte aber den andern nicht hohlen, weil der tief herausgezogene Fuß den Raum einnahm, welcher ihm den ersten gewaltsamen und doch unvollkommenen Eingang der Hand gestattet hatte. Er arbeitete ferner noch zwey Stunden, um das Kind vermittelst dieses Fußes zu wenden; allein es war alles vergebliche Mühe.

Ueberzeugt von der Wahrheit deßen, was ich immer gesagt hatte, und auf das heftigste ermüdet, mußte er endlich, wie ich bat und schon lange anrathete, von der Arbeit abstehen. Es war den eilften May um vier Uhr Morgens, als die Frau Langens zu Bette gebracht wurde. Wir verliessen sie, und beredeten uns, den nehmlichen Morgen um neun Uhr wieder beysammen zu kommen.

In dieser erschrecklichen Lage der Sache, wagte ich noch einmal den Durchschnitt der Simphysin der Schaambeinen vorzuschlagen. Wir hielten die Frau damals noch stark genug diese Operation auszuhalten. Sie wurde endlich beschloßen, und dem Kayserschnitt vorgezogen.

Wir thaten es einigen Aerzten, und vielen Lehrlingen der Wundarzneykunst zu wißen. Doch konnten wir vor ein Uhr Nachmittags nichts unternehmen, weil wir die Frau, ihren Mann, ihre Anverwandten noch dazu zu bereden hatten, auch dieselbe nach meinem Spital gebracht werden mußte, wo ich alles dazu nöthige in Bereitschaft hielt.

Ich verrichtete die Operation nach meiner eigenen Einsicht, weil ich über diese an und vor sich selbsten neue Verfahrungsart noch keinen Unterricht gelesen, auch die öffentliche Blätter, wenigstens in hiesigen Gegenden noch nichts umständliches davon gemeldet hatten. Ich verrichtete solche, wie ich glaube, glücklich und gut genug, weil nichts anders verletzet wurde, als was nothwendiger Weise zerschnitten werden mußte. Die Operation währte nicht länger, als die

Vorſicht erheiſchte die ich anwandte, um
nichts durch Uebereilung zu verletzen. Ich
bediente mich bey der Opération des Sche-
ſeldeniſchen Meſſers zum Steinſchnitt. Es
hatte das Anſehen als wollte eine zerſchnittene Pulsader eine beträchtliche Verblutung
verurſachen. Die zerſchnittene Pulsader muß
ein Aſt von der äußeren Schaam-Schen-
kel-Pulsader geweſen ſeyn. Ich ließ einen
Lehrling den Finger auf den Ort hinhalten,
und die Verblutung hörte auf. Und wei-
len ich dafür halte, daß die Verfahrungsart, nach welcher ich dieſe Operation ver-
richtet habe, derjenigen, die der Hr. Sigault nachher bekannt gemacht hat, nicht
wird vorzuziehen ſeyn, ſo übergehe ich ſie
mit Stillſchweigen.

Sobald der Knorpel getrennet war,
oder ſich zu trennen anfing, ſo erweiterten
ſich die Schaambeine von ſelbſten durch eine Gattung von Zerreißung, welche mehr
durch das Gewicht der auf jeder Seite des
Beckens beveſtigten Theilen, als durch die
Federkraft der zwiſchen den Hüft- Sitz- und
heiligen Bein ſich befindenden Bändern und
Knorpeln verurſachet worden; ich wurde
gleichſam durch ein Krachen von der ſo eben

geſche-

geschehenen Trennung benachrichtiget, das sich laut genug hören ließ. Wir ersahen demnach, daß die Ausweichung der Schaambeinen ohngefähr ein und einen halben Zoll betrug. Wir hatten zu der Trennung gar keine Gewalt angewandt, und die Frau ließ bey nahe eben so bald den Urin lebhaft und überflüßig von sich fließen. Da die Frau sich in einer Lage befand, welche uns ferner zu arbeiten zu ließ, so verfolgten wir solche nach einer kleinen Ruhe. *

Die Lage des Kindes ließ uns so gleich die Nothwendigkeit einsehen, es zu wenden, indem es mit einem Fuß in der Mutterscheide steckte, und solcher folglich neben dem Kopf herausgekommen war; aber da uns das Hineinbringen der Hand noch immer unmöglich war, um den andern Fuß zu holen; so versuchte ich, das Kind vermittelst des schon herausgezogenen Fußes, und anderer

---

* Diese Lage der Frau war die, daß sie in einem gefütterten Geburtsstuhl lag, welchen man so bequem als ein Bett einrichten kann. Dieser Stuhl ist beynahe wie der von Deventer, deßen Sitz ohngefähr zwey und ein halber Fuß hoch erhaben ist. Dieser Stuhl ist mir bey harten und schwehren Geburten sehr nützlich und bequem, besonders bey armen Frauen. Die Beschreibung davon würde zu lang seyn.

Handgriffen zu wenden; es war aber alles umsonst. Ich versuchte hierauf den Schenkel von dem Rumpf des Kindes abzulösen, als das einzige Mittel um den andern Fuß suchen, oder wenigstens die obere Oefnung des Beckens davon befreyen zu können: Indeßen ließ sich der Fuß auf eine solche Art ablösen, daß ich den Schenkel sehr leicht in die Gebährmutter zurückschieben, und mir also dadurch einen freyen Eingang verschaffen konnte.

Nun dachte ich die Geburt in Bälde zu vollenden, und das Kind wenden zu können, denn ich konnte sehr leicht die Hand biß zu dem andern Fuß hinbringen, welchen ich würde eben so leicht ergriffen und hervorgebracht haben, wenn die Zusammenziehungen der Gebährmutter nicht würden bey der geringsten Bewegung so gewaltsam gewesen seyn, daß ich genöthiget wurde meine ganz erstarrte Hand aus solcher zurück zu ziehen. Ich bat meine beide Gehülffen dasjenige zu vollbringen, was ich nicht konnte. Sie konnten aber wegen dieser Ursach eben so wenig hierinn glücklich seyn. *

---

* Ich bin verpflichtet hier anzuzeigen, daß als ich die flache Hand von vornen zu durch die obere Oefnung des Beckens eingehen ließ, der Daume und dessen Erhöhung

sich

Auf eine solche Art ganz außer Stand gesetzt zu arbeiten, dachte ich auf etwas nach, was die Hindernißen aus dem Weg räumen sollte, welche ich gar nicht anzutreffen geglaubt hatte, und fühlte von neuem zu, um die Lage des Kindes zu erforschen. Ich nahm wahr, daß sich deßelben Kopf mehr in die obere Oefnung des Beckens hinbegeben hatte. Wir ließen in der Arbeit etwas nach. Es zeigten sich gar keine Wehen mehr, also daß ich glaubte es wäre am besten den Kopf des Kindes zu durchbohren, um deßelben Größe zu vermindern.

Ich wandte viele Mühe und viele Behutsamkeit an, als ich an demselben die Oefnung vornahm, und die Hirnschale trat mehr und mehr herunter, je nachdem das Hirn ausgeleeret wurde. Wir konnten keinen Hacken zum vesthalten anbringen, und wegen der Enge des Beckens und der Lage des Kopfs grif auch die Zange nicht an. Man verdoppelte die Kräften um den Kopf herauszuziehen, während welchen man eini-

---

sich in der zertrennten Oefnung der Schaambeinen befand. Ich glaube nicht, daß ich solche auf eine andere Art würde haben hineinbringen können.

ge Beine von der Hirnschale loß rieß, und zwar mit der Zange des Herrn Fried; dem ungeachtet aber blieb das Gesicht unbeweglich in der oberen Oefnung des Beckens stecken.

Ich muß hier bekennen, daß nur die Ermüdung, oder noch mehr das Unvermögen uns unserer entkräfteten und erstarrten Fingern nicht wie gehörig bedienen zu können, nebst dem Mangel der Wehen damals den schlechten Fortgang verursacht haben. Ich bedaurte damals, und ich glaube mit Recht, daß ich nicht mit des Herrn Mesnard Zange mit doppelten Hacken, versehen war, welche leicht zum Ansetzen gewesen wäre, und vermittelst welcher ich auch ganz gewiß die Geburt würde geendiget haben; aber wir nahmen wahr, daß die Kreisende sehr schwach wurde, so daß wir sie zu Bette bringen mußten, um sie etwas ruhen zu laßen, neue Kräften zu sammlen, und uns selbsten Zeit zu laßen, der nehmlichen Vortheilen zu genießen, um in dem ersten günstigen Augenblick der sich zeigen würde, die Arbeit wieder vornehmen zu können.

Es

Es war des Abends um vier Uhr, als die Kreisende zu Bette gebracht wurde; sie wurde zu gleicher Zeit verbunden, und ich verordnete ihr alles, was ich ihrem betrübten Zustand für zuträglich hielt.

Es ist zu bemerken, daß wir mit dem Arbeiten verschiedene Male inne hielten, teils um die Kreisende etwas ruhen zu laßen, teils uns in der Zeit über dasjenige zu bedenken, was wir ferner zu thun hätten.

Als man die Kreisende aus dem Geburtsstuhl nehmen wollte, um sie in das Bett zu bringen, nahm ich wahr, daß sie auf ihre Füße stund, sich umdrehte, und eben einige Schritte gehen wollte, wenn ich mich nicht dagegen gesetzt hätte. Sie war ganz ruhig im Bett biß gegen neun Uhr Abends, um welche Zeit sie bemerkte, daß etwas gegen die Schaam vorgerücket sey. Der Wundarzt, der sie bewachte, sahe darnach. Er sah den Kopf des Kindes; Er ergrif solchen, und vollendete in wenig Zeit und ohne die Frau eine andere Lage nehmen zu laßen (obgleich mit einigen Beschwehrlichkeiten um die Schultern hervorzubringen) eine Geburt, welche uns so viele Mühe gekostet hatte.

Die Nachgeburt folgte von selbsten, und weder der Wundarzt noch die Entbundene konnten uns versichern, ob bey der Geburt merkliche Wehen vorhanden waren. Das Kind war über das Mittelmäsige groß. Ich wurde von dieser unverhoften Begebenheit so fort benachrichtiget, und befahl die Ruhe, und verordnete einige gelind stärkende Mittel. Tages darauf, den zwölften May, fanden wir die Entbundene sehr schwach; sie klagte über Müdigkeiten, doch mit einer freyen Mine und ganzer Gegenwärtigkeit des Verstandes, die uns alles hoffen ließen. Der Bauch und die Schaam wären nur wenig geschwollen. Dieser letzte Theil schien wenig gelitten zu haben. Die Reinigung gieng schwach weg; der Puls war schwach und schnell.

Ich verordnete einen ein wenig stärkenden und der Fäulniß wiederstehenden, auch hauptsächlich wegen dem Aufenthalt etwelcher Stücken faulen geronnenen Bluts, welche sich teils in der Gebährmutter, teils in der Mutterscheide aufhielten, säurlich gemachte Mixtur, erweichende Umschläge auf den Bauch, und den samaritanischen Balsam auf die Schaam; auch wurde die Wunde

Wunde wieder verbunden, doch nur um den Verband zu erneueren, weil der alte vom Urin naß worden war.

Dieser Auswurf floß wieder Willen aus, wann sich die Frau bewegte, oder hustete, und schlüpfte sich in die Wunde ein. Ich befahl über das die Diät, und verordnete zum beständigen Trank leicht aufgegoßenen Thee, welchen sie begehrte.

Am Abend des nehmlichen Tags war der Bauch mehr aufgeschwollen, jedoch ohne sehr schmerzhaft zu seyn; eben so befand sich auch die Schaam. Die Entbundene hatte den Schlucken. Es wurde mit dem Trank und den Umschlägen angehalten, und ich verordnete zwey erweichende und Wind abtreibende Klystiere.

Des andern Tags, den dreyzehenten, fand man den Bauch sehr aufgeschwollen, doch noch ziemlich weich und wenig schmerzhaft, ausgenommen der rechten Seite zu, woselbst sich die Gebährmutter schmerzhaft, und zusammengezogen anfühlen ließ. Die Reinigung hatte zu fließen aufgehöret. Der Puls war härter und schneller. Der Schlucken war anhaltender. Die Kranke brach

brach den Trank und alles was man ihr gab wieder von sich. Sie hatte biß hiezu noch keinen Stuhlgang gehabt. Ich verordnete eine gute Aderläße am Arm, eine temperirende und Wind abtreibende Mixtur. Es wurden die Klystiere wiederhohlt, und die Frau verbunden.

Am Abend des nehmlichen Tags ließ der Schlucken etwas nach; das Erbrechen geschah nicht mehr so oft; die Geschwulst des Bauchs hatte sich gemindert, und er war nicht mehr so schmerzhaft. Als mir der Puls etwas erhaben schien, verordnete ich eine kleine Aderläße, und einen aus Schaffgarben- und römischen Kamillen-Blumen bestehenden besänftigenden Thee-Aufguß, welchen die Entbundene auch gar gerne als ordinairen Trank zu sich nahm; auch hielte sie mit der ersten verordneten temperirenden Mixtur an, welche sie besonders begehrte.

Des andern Tags den vierzehnten, Morgens ging alles noch gut. Die Kranke hatte in der Nacht geschlaffen. Das Brechen hatte sich verloren. Nur dann und wann stellte sich der Schlucken ein. Sie hatte noch keinen Stuhlgang gehabt. Die Klystiere

tiere wurden wiederhohlt, jedoch etwas Salpeter dazu genommen; sonsten wurde mit allem wie des Tags vorher fortgefahren.

Am Abend lief eine schleimichte Reinigung ab; es war übrigens schwehr solche zu untersuchen, weil sie mit Urin vermischt war. Die Wunde fing an zu eitern, und sich zu reinigen. Ich verordnete ein etwas eröfnendes Klystier.

Des andern Tags, den fünfzehnten, folgten auf dieses Klystier zwey beträchtliche Stuhlgänge. Die Kranke befand sich ziemlich wohl und beßer, als den Tag vorher. Ein trockener Husten, den sie von dem ersten Tag an gehabt hatte, wurde feucht, und sie hustete öfters. Sie spie vielen Schleim aus. Sie klagte besonders über Schmerzen, die ihr der Husten an der Wunde verursache, an welcher sie außer dem Husten keine Schmerzen fühlte; sie klagte auch über den Band, den ich ihr angelegt hatte. Die Wunde that ihr sehr weh, wenn solcher stark angezogen war. Es wurde mit allem fortgefahren, wie Tags vorher.

Die

Die Entbundene klagte am Abend über Schmerzen in der Gegend des heiligen Beins, und des Mittelfleisches. Ich untersuchte die Theile, und fand die Rose daran; auch fing das Oberhäutlein schon an sich hie und da abzusondern. Ich gab dem Urin und dem Unrath die Schuld, welche diese Theile unaufhörlich benetzten und überschwemmten. Ich glaubte am besten zu thun eine lindernde Salbe zu verordnen, die Theile damit zu beschmieren, um sie vor der Schärfe dieser Materien zu schützen, welche diesen Zufall veranlasten. Die Salbe that gute Würkung. Die Kranke hatte den Tag durch verschiedene beträchtliche Stuhlgänge gehabt. Sie ließ sie oft in das Bett gehen. Sie schwamm alsdann darinn. Diß verursachte, daß man ihr eben so oft frisches Bettzeug geben mußte, welches so wohl für sie, als diejenigen so sie bedienten sehr beschwerlich war. Mit der Wunde und dem Unterleib ging es indeßen noch gut. Ich nahm gar kein Milchfieber an ihr gewahr. Die Brüste waren noch immer weich. Die Reinigung blieb beynahe ganz aus. Der Husten und der Auswurf hatten zugenommen. Die Kranke war sonsten in einem gelinden

Schweiß;

Schweiß; sie hatte Hunger, und sie begehrte nahrhafte Speisen. Es wurde mit allem angehalten biß auf die Klystiere.

Den sechszehnten Morgens. Die Kranke hatte in der vergangenen Nacht mehrere Stuhlgänge gehabt. Sie befand sich ziemlich wohl. Der gelinde Schweiß hielt an. Der Auswurf hatte sich sehr vermehrt. Er sah wie weisser Milchschaum aus; sie sagte, daß er auch den Geschmack wie Milch hätte. Er ging leicht ab. Der Puls war wie allezeit weich, und schnell. Die Wunde sah gut aus; aber der Band mußte sehr loß angelegt werden, und er wurde ihr hernach auch nicht anders angelegt. Die Kranke konnte nicht auf der Seite liegen. Es wurde mit allem fortgefahren wie Tags vorher. Es wurde mit den Umschlägen auf den Bauch, mehr um die Ausdünstung zu unterhalten, als wegen der Geschwulst des Unterleibs, angehalten, welcher sich beynahe so gut, als nach einer natürlichen Geburt befand. Ich hatte diesen Umschlägen schon etwas Kampher Spiritus zugesetzt, und sie dadurch mehr zertheilender gemacht.

Am Abend hatte sie zwey Stuhlgänge gehabt. Sie befand sich sonsten noch wie des Morgens. Sie hatte den Urin an sich gehalten, und ließ ihn nun nach eigenem Willen in beträchtlicher Menge von sich abgehen. Ich verordnete dem ohngeachtet ein erweichendes und Wind abtreibendes Klystier. Der milchartigte Auswurf hielt noch immer an; da er aber wegen der Engbrüstigkeit die er verursachte, mich zu beunruhigen anfing, auch die Reinigung sehr schwach abgegangen war, verordnete ich, diesen Abend und den Morgen darauf ein Fußbad zu nehmen.

Den siebenzehnten war der milchartige Auswurf noch häufiger. Es verging keine viertel Stund, in welcher sie nicht vielen von sich gegeben hätte. Die nothwendigen Bemühungen die sie anwenden mußte um solchen auszuwerffen, verursachten ihr Schmerzen in der Brust und an der Wunde. Die Beschwehrlichkeit den Athem zu holen, vermehrte sich, und hinderte sie am Schlaf. Ich verordnete das Klystier vom vorigen Tag; den weissen Looch nach dem Pariser Codex, welchen ich mit dem Meerzwibelhonig vermischen ließ; das Cartheuser Pulver (Kermes minerale) und ein lindern-

des

des Larier-Mittel auf den andern Tag Löf-
felweiß zu nehmen. *

Da die Kranke sich am Abend noch
in eben den Umständen befand, so wurde mit
allem fortgefahren.

Den achtzehnten waren die Umstände
noch wie den 17ten. Sie hatte am Abend
mehrere Stuhlgänge gehabt. Es wurde
mit der bekannten Kurart angehalten.

Den 19ten des Morgens hatte sie wie=
der einen Stuhlgang gehabt. Sie befand
sich in einem großen Schweiß, aber das
Athemholen ging noch immer beschwehrlich;
der milchartigte Auswurf war nicht mehr
so häufig. Sie wurde wie gewöhnlich verbunden, und mit dem lindernden Laxiermit-
tel und denen Umschlägen wurde angehalten.

Am

---

* Ich habe die Recepten in Abschrift der Originalbeschrei-
bung beygefügt, welche ich nach Paris an die Königl.
Akademie der Wundarzneykunst gesandt habe, und ich
habe sie verschiedenen gelehrten Aerzten gleichfalls mitge-
theilt, unter andern dem so gelehrt als berühmten Doctor und Professor Herrn Menn, würklichen Dechanten
der medicinischen Fakultät zu Cölln, welche mich ver-
sichert haben, daß sie den damaligen Umständen gemäß
wären eingerichtet gewesen.

Am Abend war das Athemholen viel beschwehrlicher; auch muste sie mehrere Kräften anwenden um auszuwerffen. Ich dachte nicht anders als daß sie in der Nacht ersticken würde. Es wurde mit dem Gebrauch der Fußbädern, und dem Looch angehalten.

Den zwanzigsten früh ging der Puls sehr verwirrt. Sie befand sich wie den Tag vorher. Eine kleine Verblutung verbarg uns den Zustand der Wunde. Der Unterleib war noch immer klein. Die Brust beunruhigte mich am meisten.

Ich war des Abends bang, vor die Nacht. Ich dachte ihr Vesicatorien setzen zu laßen; aber der Gedanke, daß sie doch nicht mehr nützlich seyn würden, brachte mich davon ab. Die Kranke hatte wieder einen Stuhlgang gehabt.

Den 21ten früh, die Kranke hatte in der Nacht etwas Ruhe gehabt. Sie befand sich nach ihrer Meynung etwas beßer; aber die Wunde sah bleich aus, war trocken, — schlimm. Die Engbrüstigkeit war sehr groß. Sie warf beynahe nicht mehr aus, und der Auswurf hatte die Milchfarbe nicht mehr an sich. Sie gestund, daß
sie

sie beynahe keine Kräfte mehr hätte um auszuwerffen. Der Bauch war noch wie den Tag vorher. Aber alle diese Umstände und ihr Hippokratisches Gesicht ließen mich vermuthen, daß sie ohne Rettung verlohren wäre. Diß geschah auch würklich gegen ein Uhr Nachmittags, da ihr die Brust dergestalten eingenommen wurde, daß sie von der Größe ihrer Krankheit überwältigt, ein wenig darauf verschied, und wie ich glaube erstickte.

Wenige Zeit nach ihrem Verscheiden lief ihr der Bauch erstaunlich auf. Den 23. ohngefähr 45. Stunden nach ihrem Tod wurde ihr Leichnam geöfnet. Wir befanden die Entfernung der Schaambeinen von einem zu dem andern, so wie wir geachtet hatten. Der Raum, der sich zwischen beiden befand war zum Theil mit einer weichen und häutigten Geschwulst angefüllt, welche wir vor einen Theil der Urin Blase hielten, welche auch würklich durch das von Winden verursachte Aufschwellen der Gedärme, die sie stark gegen diesen Raum andringten, war herein getrieben worden; dann vor ihrem Tod hatte ich sie nie daselbst wahrgenommen. Dieser so zu benennende Urin-Blasen-Bruch war

so

so groß als ein halbes Ey, wenn es quer durchgeschnitten wird. Nur dieser Theil allein, so wie die Wunde hatte eine braun und blaue Farbe. Ich hielte diese Farbe für die nehmliche, die gemeiniglich alle Wunden und Geschwüre an den Leichen annehmen. *

Die Oefnung des Unterleibs ließ uns die Gedärme von Winden abgetrieben, und weißlicht von Farbe sehen; einige braune Flecken nahm man an denjenigen wahr, die sich in der Nähe der Gebährmutter befinden. Sie schienen mir von der Art zu seyn, wie man sie oft in Leichen antrift, und die man nicht wegen dem kalten Brand verdächtig halten kann. Die Gebährmutter schien im natürlichen Stande zu seyn; sie hatte sich nahe zusammen gezogen, wie sie nach einer jeden natürlichen Geburt würde gethan haben. Wir trafen auf der linken Seite an dem Halß der Gebährmutter, einige Linien unter dem Ort wo die Mutterscheide sich daran bevestigt, ein
kleines,

---

* Ich halte diese Theile in Brandewein auf. Viele Kenner haben sie gesehen, von denen der sehr gelehrte Hr. Günther, öffentlicher Lehrer der Arzneygelahrtheit zu Duisburg, auch einer ist. Sie haben alle keine Kennzeichen der Entzündung oder des kalten Brands daran wahrgenommen. Man kann auch den Theil dieses Bruchs von den übrigen Theilen der Urin=Blase nicht unterscheiden.

kleines, etwas tiefes, vier Linien langes Geschwür, und in dasiger Gegend einige Löffel voll ausgelauffenes Eiter an, der die Art des Eiters an sich hatte, wie man ihn gemeiniglich nach dem Tod auf den Eingeweiden antrift, die den Brand gehabt haben. Ich konnte mich gar nicht bereden, daß dieses Geschwür sollte den Tod verursacht haben, weil alle äussere Umstände der Krankheit eine ganz andere Ursache errathen ließen. Es hat freylich dazu beytragen können, eben so wohl als die Quetschungen, als entfernte Ursachen dazu beygetragen haben, welche die Gebährmutter, und die Mutterscheide haben ausstehen müßen. Das Innwendige der Gebährmutter sah sehr faséricht aus. Es schien als wär sie mit schwarzbraunen, mit Schleim überzogenen Fäden angefüllt.

Ich öfnete hierauf die Brust, um den Zustand der Lungen zu entdecken. Sie waren aufgelauffen, mit noch dunkelerem als leberfarbigten Blut verstopft. In der Meynung, ich würde vielleicht in den Luftröhren von dem milchartigen Auswurf antreffen können, öfnete ich solche und fand nichts davon darinn. Unterdessen als ich einen guten Theil von der Lunge auf einmal ausgepreßt hatte, so machte ich doch einige Streiffen davon ablauffen. Ich verwunderte mich gar nicht, daß ich nicht mehr darinnen antraf, weil die Kranke schon den Tag vor ihrem Tod aufgehört hatte solchen auszuwerffen; Auch konnte deſſen Abſonderung in der Lunge in den letzten Stunden ihres Lebens eben so wohl aufhören, wie der gröſte Theil der andern Abſonderungen aufhören, am meiſten dieſe hier, welche ganz widernatürlich war; alſo daß die Erſtickung, welche ich vermuthet und für die Urſache des Todes gehalten habe, durch den Ueberfluß der milchartigten Säften hat können bereitet, und durch die Anhäufung der feinſten, gleichfalls milchartigten, aber verdorbenen Säften vollendet werden, welche um so leichter die Luftröhren haben verſtopfen müßen, weil die erſchöpfte Lebenskräften nicht mehr hinlänglich waren ſie auszuſtoßen. Nachdem das Becken innerlich zergliedert worden war, so konnten wir ſehen, und uns deſſen verſichern, daß es die Urinblaſe war, welche ſich zwiſchen die Schaambeine, wie ich ſchon geſagt, begeben hatte. Das übrige dieſes Eingeweides war geſund. Der Durchmeſſer des Beckens von den aneinandergebrachten Schaambeinen gegen das heilige Bein zu war zwey Zoll und

acht

acht Linien hiesigen Maaß; welches in französischer Maaß zwey und ein halber Zoll beträgt. * Eben dieser Durchmesser, oder besser eine Linie von dem äußersten Ende der nehmlich entfernten Beinen biß an das heilige Bein gezogen war nur ein paar Linien länger. Sein größter Durchmesser von einem Hüftbein zu dem andern beträgt sechs Zoll, acht Linien, rheinisch, und sechs Zoll, zwey Linien Pariser Maaß.

Die Simphysin zwischen dem heiligen Bein und denen Hüftbeinen waren abgesondert, und sehr beweglich; doch war diß auf der linken Seite beträchtlicher. Die Bänder waren nicht zerrissen; sie hatten nachgegeben. Ich schnitte in die auf der linken Seite, um zu sehen, ob das Innere des Gelenkes schadhaft worden war; Es schien mir gesund zu seyn.

Ich hatte die nehmliche Operation, einige Wochen vor dieser an einer weiblichen Leiche, die noch jung war, vorgenommen, um zu untersuchen was daher entstehen würde. Ich unterfand, daß diese Simphysin eben so abgesondert waren, ob ich gleich nur wenige Gewalt gebrauchte um die Schaambeine auseinander zu treiben. Als

---

* Jetzt da das Becken bereitet und gebleicht ist, und die Beine ausgetrocknet und wieder vereiniget sind, beträgt es nur zwey Zoll, zwey Linien hiesiges Maaß.

Als ich die auseinandergetriebene Beine mit Gewalt wieder zusammen bringen wollte, so blieben sie doch ungefähr drey Linien von einander entfernt. Selbsten noch nachdem das Becken abgesondert und eingeweicht war, habe ich versucht sie zusammen zu fügen, aber vergeblich. Ich glaube, daß die elastische Einziehung des Knorpels der Simphysin, der vorher aufgeschwollen und ausgedehnt war, und die Federkraft der hinteren Bändern des Beckens, hieran schuld sind; dann ich habe das nehmliche bey den Becken von andern weiblichen Leichen nicht wahrgenommen. Die untere Oefnung des Beckens war so viel als natürlich.

Auch habe ich nicht bemerkt, daß das unterste End der weissen Linie, oder die flechsigte Ausbreitung der äußeren schregen Muskeln eine Zerreißung gelitten hätten, obwohl ich sie bey der Operation nur wenig angeschnitten hatte; noch daß die dem Gewölbe der Schaambeinen anhängende Theile eine solche Zerreißung gelitten haben. Ich glaube, daß sie nachgegeben haben, und daß gar keine, oder keine beträchtliche Zerreißung statt gehabt hatte.

Anmerkungen.

Nach den Grundsätzen der Hebammenkunst wird der Kayserschnitt vorzunehmen angewiesen, so oft die Oefnungen des Beckens, oder eine von beiden so eng sind, daß man die Hand unmöglich in die Gebährmutter hineinbringen, oder aber dieselbe mit den Füßen des Kindes zugleich wieder heraus ziehen kann; Folglich so oft als die Geburt eines zeitigen Kindes durch die natürliche Wege nicht geschehen kann.

Die meisten Lehrer sind bey diesem einzigen Vorfall stehen geblieben; einige wenige hingegen, und ich selbsten in meiner Einleitung in die Hebammenkunst, die ich habe drucken laßen, laßen diese Vorschrift auch in dem Fall statt finden, wo die Oefnungen zwar eben so eng seyn würden, dabey aber die Hand hineingebracht werden kann, das Kind aber, obgleich durch die Kunst unterstützt, doch durch die natürliche Wege nicht lebendig würde können gebohren werden, wenn nur die Mutter durch eine übertriebene Liebe vor ihre Frucht oder aus andern Ursachen darein willigen, und sich dieser Gefahr bloß geben wollte.

Die Frau Langens befand sich also in diesem Fall, und die Wendung war bey ihr nicht angezeigt; die Folge legte davon das vollkommenste Zeugniß ab. Auch würde man von Anfang an sich nicht viel über den Kayserschnitt zu besinnen Ursach gehabt haben, dann er würde noch immer die Zuflucht der Kunst gewesen seyn, und selbst nach allen vergeblichen Angriffen, das Kind zu wenden, wenn die glückliche Verfahrungsart des Herrn Sigault uns nicht frischer Dings einen andern Weg gebahnet hätte.

In die Noth gesetzt, entweder das eine oder das andere zu erwählen, war noch übrig zu wißen, ob man sie noch mit der Hofnung eines beglückten Ausgangs unternehmen könnte, und in diesem Fall hier, welche von beiden der andern sollte vorgezogen werden. Ich habe dieses schon in der umständlich gegebenen Nachricht bereits berühret, und ich schränke mich ein nur wegen der ersten Frage zu erinnern, daß weit entfernt, daß die Frau Langens in einem erwünschten und erforderlichen Zustand gewesen wäre, woraus man auf einen guten Fortgang hätte schließen können, das ist, daß sie noch so viel als in der ersten Zeit

der

der Geburtsarbeit, darzu bereitet, gesund, oder ohngefähr in dem nehmlichen Stand gewesen seyn würde, worinn die Frau Souchot sich befand, als sie der Herr Sigault operirte, so fehlte hier im Gegentheil noch viel dazu, weil bereits mehr den drey und sechzig Stunden verfloßen waren, daß die Wehen angefangen hatten; vierzig Stunden wenigstens daß die Waßer abgefloßen waren, von welchen fünf gebraucht wurden, um die Wendung zu verrichten; sie war, wie gesagt in einem Zustand, wo man weder von der einen noch der andern Operation sich etwas gewißes versprechen konnte, die Gefahr, die eine solche Operation mit sich bringt, nicht dazu gerechnet; dann hier war der Fall, wo das berühmte Gesetz des Celsus in Erwägung gezogen werden muste: (es ist beßer ein zweifelhaftes Mittel zu gebrauchen, als gar keines) was die zweyte Frage betrift; da die Umstände so waren, wie ich sie angegeben habe; die würkliche Lage des Kindes; der Anschein, daß der Durchschnitt der Simphysin nicht so gefährlich ist als der Kayserschnitt; die augenscheinliche Gefahr des letztern, * wozu auch

---

* Hier sind die eigene Worte des Herrn Sigault; Er redt nur mit den Kunstverständigen = = ungeachtet man

auch bereits die Zeit verstrichen war, weil das Leben des Kindes zweifelhaft war; Der gute Fortgang des Herrn Sigault, Dessen gehabter Gegenstand so viel ähnliches mit dem gegenwärtigen hatte, ** hätte alles dieses mich nicht für das, was ich that, einnehmen sollen? besonders weil ich hofte mir einen hinlänglichen Raum zu verschaffen, um die angefangene Arbeit, das Kind zu wenden, vollenden zu können.

Ich konnte aber doch nicht dazu gelangen. Hier sind die Ursachen. Erstens hatten die Zusammenziehungen der Gebährmutter den Schenkel und den Kopf des Kindes in den durch die Operation gewonnenen Raum schon stark hineingetrieben. Der Schenkel besonders nahm den Raum allein ein, durch welchen die Hand eindringen
konnte;

---

einigen Vortheil erhält, so kann man doch die üblen Folgen die auf eine solche Operation nachkommen, nicht unberühret laßen, und noch weniger die Gefahren, welchen eine solche Unglückliche ausgesetzt ist, die das Herz hat sich derselben zu unterwerfen. Diese Gefahren allein sind im Stande die geübteste Hand aufzuhalten.

** Ich habe es schon gesagt, daß dies brennende Verlangen solches zu unterstüzen, und die Erfahrungen zu vermehren, auf welche diese Operation sich noch mehr gründen muß, auch vieles dazu beygetragen hat.

konnte; die Leichtigkeit, mit welcher ich solche in die Gebährmutter einbringen konnte, nachdem ich das Becken von diesem Schenkel befreyet hatte, ist die überzeugendste Probe davon. Zweytens: Es fehlt viel, daß der gewonnene wann schon ziemlich große Raum, allen Vortheil habe, den man ihm ohne Untersuchung einräumen will; dann wenn man seine Größe untersucht, so wird man finden, daß er sich zum Theil als zwey Dreyeck vorstellet, davon die Spitzen in die zwey zwischen dem Heiligen Bein, und denen Hüftbeinen befindlichen Simphysin gehen, und deren Gründe sich an der Entfernung der Schaambeinen befinden, und von welchen die Seiten zwey Zoll, eilf Linien betragen; also, da der Grund von jeder Seite neun Linien beträgt, so folgt hieraus, daß der Innhalt ihrer Flächen zusammen zwey Zoll, sieben und zwanzig Linien betragen wird, zu welchem man auch den durch die Entfernung der Schaam- und Hüftbeinen von dem Heiligen Bein gewonnenen Raum hinzurechnen muß, weil die Entfernung dieser Beinen gar nicht auf die Art geschieht, wie man sich etwa die Entfernung der Äesten von einem Zirkel würde vorstellen können. Man kann diesen Raum unter der

Gestalt

zweyer sehr spitzigen und gekrümmten Dreyeck vorstellen, von welchen der Grund von zwey Linien wenigstens, an dem Ende der voneinander getheilten Schaambeinen seyn würde, und von welchen die Seiten unmerklich den Gipfel an die Simphysin zwischen dem Heiligen Bein und Hüftbein auf jeder Seite ausmachen würden; nach der Krümme der Seiten Ränder der oberen Oefnung des Beckens, und da diese fünf Zoll lang sind, so beträcht der Innhalt ihrer Fläche 120 Linien, und also betrug die ganze Fläche, die ich durch die Operation gewonnen hatte wenigstens drey Zoll drey Linien, die nothwendiger Weise ein großer Vortheil vor die Geburt gewesen seyn würde, wenn dieselbe an dem gehörigen Ort des Beckens, wo der Raum hauptsächlich nöthig war, hätte statt haben können. Aber das war hier gar nicht.

Man wird leicht wahrnehmen, wenn man darauf merkt, daß die Hinderniß, welche das Becken der Geburt in den Weg legte nicht vom Mangel des gehörigen Raums herkam. Man darf nur die davon beschriebene Weite zu Rathe ziehen, um sich hievon zu überzeugen; aber wohl daher, daß

der

der Raum nicht die gehörige Gestalt gehabt hatte; und um mich beßer auszudrücken, so sage ich: es war die übele Gestalt des Beckens Schuld hieran; dann, wann es an statt platt zu seyn, eine natürliche Gestalt gehabt hätte, so wäre es zur Geburt hinlänglich geschickt gewesen. Es kam also in diesem Fall mehr darauf an das Becken von seiner fehlerhaften Gestalt zu befreyen, als solches weiter und geraumiger zu machen. Weil es nun unmöglich ist, daß man eine solche fehlerhafte Gestalt vollkommen abändern, oder solcher wenigstens durch die Operation * ganz und gar abhelfen kann, es geschehe dann vermittelst einer ganz außerordentlichen und fast unmöglichen Entfernung, so kann man leicht davon die Folgen einsehen, die sich hier auf meine Lehre beziehen.

Wenn man ferner das in Erwägung ieht, was nach dem Durchschnitt der Simphysin der Schaambeinen, wo das Becken platt

---

* Obschon wohl zu glauben ist daß man den Durchschnitt der Simphysin der Schaambeinen nicht in dieser Absicht erfunden hat; so ist er doch nichts desto weniger das einzige Mittel, das hierinn dienlich ist, dieweil er allein, die Gestalt des Beckens zu gleicher Zeit verändern, und demselben einen gröbern Raum verschaffen kann.

platt ist, und während der Entfernung dieser Beinen vorgeht, so sieht man, daß sich würklich ein nach Maaßgab der Entfernung verhältnißmäßiges Leeres, auf die Art erzeugt, wie ich es dargethan habe: aber auch daß ein guter Theil des gewonnenen Raums mit dem auf den Seiten des Beckens befindlichen Raum sich vermischt und ohne einigen Nutzen verwechselt, weil daselbst kein Raum nöthig ist, immittelst der andere Theil nach vornen zu gegen die Schaambeine und dem Hüftbein sich befindet, so ist eben das hier der einzige nützliche Ort des Raums, und den man für den gewonnenen halten kann, weil es auch allein nur hier nöthig war. Daraus erkennet man die Wahrheit meiner Lehre, die ich schon gesagt habe.

Wenn man das einmal für wahr annimmt, so begreift man, daß man sich durch diese Operation keinen Raum noch Willkühr verschaffen, und man einem unförmlich gestalteten Becken nur mehr oder weniger abhelffen kann.

Daß je platter das Becken ist, desto weniger man von der Operation zu hoffen habe, und daß folglich der Herr Sigault einen weit beträchtlicheren Vortheil vor uns gehabt

gehabt haben müße; wie ich auch dieses noch umständlicher darlegen will.

In Wahrheit, der kleine Durchmesser des Beckens von der Frau Souchot wurde zwey und ein halber Zoll groß, und der von der Frau Langens ohngefähr zwey Zoll groß geschätzt; da sich aber dieser nach der Zerschneidung zwey und ein halber Zoll groß befand, so ist zu vermuthen, daß derjenige von der Frau Souchot würklich habe drey Zoll betragen müßen. Man wird leicht begreiffen, daß hier nur vom wahren und würklichen Raum die Rede ist, den man alsdann durch das Fühlen entdeckt, ohne an denjenigen zu gedenken, der die Gebährmutter und die Urinblase einnehmen. Es kömmt mir selbst vor, als wenn mein Vorgeben durch das Stillschweigen des Herrn Sigault, in Ansehung der Schwürigkeiten, die er eben sowohl als wir hätte antreffen müßen, um die Hand in die Gebährmutter der Frau Souchot einzubringen, schon so viel als bewiesen ist; dann er thut gar keine Meldung davon, selbsten nicht bey der letzten Niederkunft dieser Frau, welche ihm die Gelegenheit verschafte, seine Operation auszuüben.

D   Da

Da nun alſo die Entfernung der Schaambeinen bey dieſer Frau zwey und ein halber Zoll * groß angegeben wird, ſo muſte der kleine Durchmeſſer des Beckens drey Zoll betragen, und die Schaambeine haben ſich von dem heiligen Bein ohngefähr vier Linien weit entfernen müſſen; nach eben dieſer Berechnung, welche ich vorhin gemacht habe, folgt, daß der von dem Herrn S i g a u l t durch die Operation gewonnene Raum wenigſtens fünf und ein halber Zoll, und in der Fläche vierzig Linien groß ſeyn muſte; Er war folglich größer, als er erforderlich war; immittelſt wir einen viel größern Raum als er nöthig hatten, und unſere Operation uns nur einen, gegen dem ſeinigen viel kleinern verſchaffen konnte. Man muß unſtreitig nur dieſem Unterſcheid allein die Schuld bey-

---

* Dieſer berühmte Geburtshelffer verſichert, zwey und ein halber Zoll groß Weite zwiſchen denen Schaambeinen erhalten zu haben. Indeßen muſte dieſe Entfernung größer als diejenige ſeyn, die ich erhielte, ſelbſt nach dem Grundſatz, den ich hier angezeigt habe. Ich habe doch an Leichen von wohlgebauten Frauen eine ſo große Entfernung nicht erhalten können. Ich kann hievon keine andere Urſache angeben, als daß die heiligen Bein-ſcheinbänder und Knorpel an dem Ende einer Schwangerſchaft ſchlaffer, und folglich der Ausdehnung fähiger ſi...

beymessen, daß nicht eine Operation wie die andere von Erfolg gewesen ist, und man muß als eine Grundregel annehmen, daß wenn der Durchschnitt der Schaambeinen, da wo das Becken platt, und dessen kleiner Diameter durch das Fühlen für zwey und ein halber Zoll groß gehalten wird, vom großen Nutzen ist, es sich in Ansehung dieses nehmlichen Nutzens in allem Betracht weit anders verhält, wenn dieser Durchmesser nur für zwey Zoll groß gehalten wird.

Dann nachdem ich den eingetriebenen Schenkel des Kindes in die obere Oefnung des Beckens zurückgeschoben hatte, so traf ich noch Wiederstand genug an die Hand in die Gebährmutter hinein zu bringen. Ich würde vielleicht gar nicht dazu gelanget seyn, wenn sich der Daume nicht zwischen die Schaambeine hineinbegeben hätte; dieser Umstand beweißt die Würklichkeit eines andern Vortheils, der von der Entfernung dieser Beinen herkömmt, eben so wohl als er uns bekannt macht, daß da die Länge des kleinen Durchmessers des Beckens nach vornen zu nur durch weiche und leicht zu dehnenden Theilen begränzt wird, sie nur

nach

nach Maaßgab der Ausdehnung, welche dieſe Theile leiden beſtimmt werden kann. Die Länge der geraden Linie, die man von dem Ende eines entfernten Schaambeins nach dem heiligen Bein ziehen würde kann nicht beſſer beſtimmt werden, weil dieſes Bein eben ſo wohl entfernt, und folglich von dem heiligen Bein, nach Maaßgab der Gewalt, die dazu angewandt wird, getrennt werden kann.

Die Nothwendigkeit, in die ich mich verſetzet ſah die Hand aus der Gebährmutter heraus zu ziehen, beſtätigt, daß in dem Fall ſo wohl, wo der Durchſchnitt der Schaambeinen nothwendig iſt, als in jeder andern wiedernatürlichen Geburt, wo das Kind gewendt werden muß, man mit der Operation nicht genug eilen kann, weil ſolches das beſte und vornehmſte Mittel iſt, denen gewaltſamen Zuſamenziehungen der Gebährmutter vorzubeugen. Der Herr Sigault muß davon überzeugt geweſen ſeyn, weil er ſo ſehr mit ſeiner Operation eilte, daß ohngeachtet des Vortheils den er dadurch erhielt, es ihn doch des Verdruſſes wegen reuen mußte, welcher ihm daher entſprungen iſt. Die Würkungen dieſer Zuſammenziehungen erſtreckten ſich nicht allein biß hie-
hin;

hin; diese mit den vorhergegangenen Arbeiten erstarrten mir dergestalt die Hand, daß ich beynahe nicht mehr im Stande war nur noch das geringste zu unternehmen; und wie ich schon gesagt habe, es ist nur diesen beyzumeßen, daß ich so wenig Vortheil von meinen folgenden Angriffen erhielt.

Ich kann nur über das muthmaßen, was vielleicht würde geschehen seyn, wenn ich den Durchschnitt der Simphysin bey Zeiten unternommen, und nachher die Geburt der Natur überlaßen, oder zu überlaßen gesucht hätte; oder wenn ich das Kind gewendt hätte, im Fall daß ich hiezu wäre genöthiget gewesen. Es ist indessen dafür zu halten, daß in dem ersten Fall, da der Kopf des Kindes sich nach der Gestalt des Beckens in der vortheilhaftesten Lage befand, die Wehen deßelben Beine unmerklich erweitert, den Kopf allgemach mehr darein getrieben, und endlich einen Ausgang verschaft haben würden, der durch die Kunst hätte erleichtert werden können. Und in dem zweiten Fall, da die Füße des Kindes nicht weit entfernt, und noch dazu sehr vortheilhaft gelegen waren, so würde man keine Beschwehrlichkeit gehabt haben, sie in

den

den Muttermund zu bringen; aber man würde große Mühe gehabt haben um sie tieffer herunter zu bringen, und hernach die Angriffe zu verrichten, um das Kind zu wenden: aber wenn man die Arbeit einmal so weit gebracht hätte, so würde durch die Herausziehung des Hintern, des Leibs, und der Schultern das Becken sich haben erweitern, und dem Kopf den Ausgang vorbereiten können. Und was die Folgen betrift, in Ansehung derer Theilen, die hauptsächlich dabey gelitten haben würden, so kann man mit vielem Grunde muthmaßen, daß sie weit geringer, und die Folgen davon wenig gefährlicher gewesen seyn würden, als sie in diesem Fall gewesen sind.

Kunstverständige werden hier urtheilen, und eine künftige Erfahrung wird zeigen, ob das Kind auf eine oder die andere Art hätte können lebendig gebohren werden. Und wenn ich hier meine Meynung sagen darf, so glaube ich mit Grunde ja sagen zu können, wenn ich die Operation bey Zeiten unternommen, und hernach die Geburt der

Natur

Natur* überlaßen hätte; dann wann auch die Wehen würden schwach gewesen seyn, so ist zu vermuthen, daß sie sich doch erneuert hätten, welches mehr als zu oft in dergleichen Fällen geschieht.

Indessen sage ich nicht, und man muß es auch nicht glauben, daß der Kopf nach der Lage, worinn er sich befand, sich würde haben in die entfernte Oefnung der Schaambeinen begeben können, weil derselbe ihr ein Seitenbein (os bregmatis) darbot, welches würde viel wiederstanden, und sich dem Antreiben, um ihn darein zu bringen, wiedersetzt haben.

Wenn der Kopf des noch lebenden Kindes würde in der eben beschriebenen Lage eingeklemmet geblieben seyn, hätte man sich der Zange bedienen sollen, oder können? Man sieht leicht ein, daß es in einem solchen Fall sehr schwehr ist dieses Instrument gehörig

---

* Wenn ich hier Natur sage, so wird darunter verstanden, daß man doch dabey eine kleine Hülffe hätte leisten müssen, welche die Umstände würden haben anzeigen können.

gehörig anzubringen, und damit wohl zu fäßen; besonders nach der gemeinen Verfahrungsart. Gesetzt auch man gelange dazu, so muß das Zusammendrücken derselben dem Kopf eine Gestalt geben, die der obern Oefnung des Beckens nachtheilig, und folglich der Herausziehung hinderlich seyn muß. Und gesetzt, man wollte, um dieser Hinderniß zu entweichen, die Zange an denen Seiten des Kopfes anlegen, würde man dazu gelangen können, besonders wenn der Kopf noch so hoch steht? Ich glaube es nicht. Ich übergehe die Gefahr, die dieser Angrif in einem solchen Umstand würde haben können. Die Erfahrung muß auch in diesem Stück entscheiden. Ich halte sie inzwischen für sehr gefährlich.

Gesetzt, daß der Durchschnitt der Simphysin der Schaambeinen nothwendig, und auch geschehen ist; daß die Anlegung der Zange für thunlich und erforderlich geachtet sey, (und das Kind folglich noch lebendig ist) so hört die Frage auf, um zu wißen, ob man das Kind wegen der Mutter aufopfern soll; aber wenn das Kind tod ist, so ist außer allem Zweiffel, daß man nach dem Durchschnitt der Simphysin die Hirnschale

schale zu eröfnen und auszuleeren, allezeit der Anlegung der Zange vorziehen soll, so oft als man urtheilen wird, daß er seinem Ausgang eine zu merkliche Hinderniß in den Weg legen würde. *

Ist es wohl gewiß, daß die Simphy=sin der Schaambeinen sich auch so oft ver= beinert befindet, als die Bemerkungen der Herren Siebold und Bonard vermu= then laßen können? Ich habe schon viele Becken von alten und sehr alten Frauen zubereitet, niemalen aber habe ich ein der= gleiches angetroffen. ** Aber da diese knor= pelichte Vereinigung nicht so breit ist als man sich einbildt, besonders nach hinten zu, ist es nicht möglich, daß man sie in der

D 5 Ope=

---

* Man muß sich nicht wundern, daß ich voraussetze, man hätte die Operation unternommen, und das Kind wür= de tod gewesen seyn; dann die Lebenszeichen des Kin= des sind in diesem Fall sehr zweydeutig; und es kann über das geschehen, daß man zu dem Durchschnitt der Simphysin gezwungen wird, wenn man auch gewiß weiß, daß das Kind tod ist; z. B. wenn man die Mut= ter auf keine andere Art entbinden könnte; wohl ver= standen, daß diese Operation dem Kayserschnitt vorzu= ziehen anerkennt wird.

** Es ist schon seit lange her, daß die berühmteste Män= ner die Möglichkeit dieser Verbeinerung geläugnet ha= ben. C. Severin Pineau. Cap. VI. opuscula physiologica.

Operation verfehlen kann? Oder wenn man sie auch getroffen hat, könnte man nicht auch den Schnitt auf die Seite in den Knochen fortsetzen? Ohne die Möglichkeit der Verbeinerung dieser knorpelichten Vereinigung abzuläugnen, halte ich doch dieses letzte für glaubhafter, als daß man die Verbeinerung so oft antreffen sollte.

Sollte es auch nicht geschehen können, daß sich diese Vereinigung nicht eben recht in der Mitte des Venusbergs, oder der obern Fügung der großen Schaamlefzen gegenüber befände, und daß man sie also wegen dieser Ursach verfehlen könnte?

Im Fall, daß man sie wieder alles Vermuthen dennoch verbeinert antreffen wird, sollte man nicht muthmaßen dörffen, daß die zwey zwischen den Hüftbeinen und dem Heiligen Bein befindlichen Simphysin nicht auch verbeinert seyn sollten? Und in diesem Fall, sollte man alsdann wohl bey dem Vorsatz dieser Operation verbleiben dörffen? Endlich wann man diesen Vorsatz gefaßt hat, sollte man sich nicht wohl bequemerer Instrumenten als einer Säge bedienen können? Ein scharffer Bildschnitzermeisel, der mit Geschicklichkeit und Vorsicht geführt würde;

würde; ein starkes krummes Scalpel, mit welchem man von innen herauswärts schneiden würde; eine gewiße Art Bohrer, mit welchen man viele kleine Löcher in einer Linie machen würde, und dergl. scheinen mir weit vorzüglicher zu seyn.

Auch wiederspricht die Vereinigung des Knorpels, der die Schaambeine nach geschehenem Durchschnitt zusammen verbindet, (Wiedervereinigung, die man so sehr bezweiffelt, und welche man nimmer zu geschehen so sehr beförchtet hat) noch nicht der Gefahr, welcher er wegen seiner zu plötzlichen Absonderung, oder gewaltsamen Zerreißung von denen Schaambeinen, unterworffen ist; eben so wenig als die heiligen Bein= und Hüftbein=Bänder und Knorpeln von der Gefahr frey sind, die denenselben begegnen kann; weil die Wiedervereinigung viel leichter statt finden kann, wo die Trennung durch den Schnitt, als wo dieselbe durch das Sägen geschehen ist. Die Forcht der Alten und der Neuern scheint mir sehr gegründet zu seyn: * dann es ist leicht einzusehen,

---

* S. die gelehrte Nachricht des Herrn Louis über die Entfernung der Beckenbeinen, in den Memoires de l'Academie Royale de Chirurgie de Paris. Vol. IV. en 4to.

zusehen, daß ein Durchschnitt von einer zufälligen schnellen und mit Gewalt erzwungenen Zertrennung, weit unterschieden ist. Diese letzte kann sich in der Mitte des Knorpels, oder zwischen dem Knorpel und dem Bein sich befinden, wo der Knorpel von dem Knochen abgesondert ist. Noch kann eine solche plötzliche Zertrennung über das mehr oder weniger gefährlich sey, nach den bösen oder guten Umständen, die solche begleiten können: (Z. B. Eine zum Ende sich neigende Schwangerschaft begünstigt sie nicht die Ausdehnung, oder die Zertrennung der zwischen dem heiligen Bein, und denen Hüftbeinen befindlichen Simphysin, bey nahe nach Art des Durchschnitts der Schaambeinen, durch die Schlaffheit, welche diese Theile zu der Zeit erlangt haben?)

Bey der Operation des Durchschnitts der Simphysin der Schaambeinen, wenn man den Einschnitt nicht länger als bis zu der Fügung der großen Lefzen macht, bleibt in dem Grund der Wunde eine Gattung Boden-Sack zurück; Soll man den Einschnitt seitwärts verlängern, und einen Schenkel der Clitoris zerschneiden, oder eine Gegenöfnung machen, welche eine Gemeinschaft
mit

mit dem Innern der Schaam zuwegen bringt, damit der Eiter ablauffen kann? Dies letzte Mittel scheint mir vorzuziehen zu seyn, doch nur in dem Fall, wo es allein nothwendig ist; dann dieser Boden = Sack würde vielleicht an der Heilung gar nichts hindern können, wie es sehr oft in dergleichen Fällen zu geschehen pflegt, und die Zerschneidung eines Schenkels der Clitoris scheint zu einer weit größern Entfernung der Schaambeinen nicht nöthig zu seyn, weniger kann sie solche vor denen Folgen schützen, welche die an eben diesem Schenkel der Clitoris mit Gewalt erzwungene Ausdehnung würde können beförchten laßen.

Ich habe an denen Leichen, an welchen ich diese Operation mit Fleiß vorgenommen, teils um mich darinn zu üben, teils um dasjenige zu untersuchen, was daraus entstehen würde, keine Zerreißung wahrgenommen.

Ich glaube, daß sich der Knorpel der Simphysin der Schaambeinen nicht anders, als durch einen knorpelichten Kallus, und nicht nach Art der frischen Wunden, wiedervereinigen kann; aber wird diese Wiedervereinigung durch das Naheaneinander-
bringen

bringen der Schaambeinen begünstigt, wie man bey der Frau Souchot angewiesen hat, wenn die Entbundene nicht auf der Seite liegen, noch die Anlegung eines vereinigenden Bands ertragen kann, wie ich glaube sehr oft geschehen wird, weil man weder immerdar sich in einer Lage befinden, noch den Druck eines gehörig angezogenen Bands beständig vertragen kann? Dieser Umstand scheint mir wichtig zu seyn, und es ist zu wünschen, daß die Erfahrung darüber etwas mehr entscheide, als sie bis jetzt gethan hat.

Aber gesetzt, daß der Kallus auf immer, oder sehr lange Zeit so schwach bleibt, daß die Verrichtungen des Beckens darunter leiden, weil der ganze Rückgrat, und folglich der Körper darauf ruhet; so glaub ich nicht, daß man deswegen die Operation der Simphysin verwerffen, oder in manchen Fällen dem Kayserschnitt nicht vorzuziehen seyn sollte, wenn nur einmal die wenige Gefahr dieser Operation außer allem Zweiffel gesetzt ist: dann es ist ein großer Unterscheid zwischen der beynahe augenscheinlichen Gefahr zu sterben, und der unstreitigen Hofnung zu leben, wiewohl mit einiger Unbequemlichkeit.